...but I think I Love Christmas Most of All...

My Notes

Best Friends

My Notes

Best Friends

My Notes

Best Friends

...but I think I Love Christmas Most of All...

My Notes

Best Friends

My Notes

Best Friends

...but I think I Love Christmas Most of All...

My Notes

My Notes

Best Friends

...but I think I Love Christmas Most of All...

My Notes

My Notes

Best Friends

...but I think I Love Christmas Most of All...

My Notes

Best Friends

...but I think I Love Christmas Most of All...

My Notes

...but I think I Love Christmas Most of All...

My Notes

My Notes

Best Friends

...but I think
I Love Christmas
Most of All...

My Notes

Best Friends

...but I think I Love Christmas Most of All...

My Notes

Best Friends

...but I think
I Love Christmas
Most of All...

My Notes

Best Friends

My Notes

Best Friends

...but I think I Love Christmas Most of All...

My Notes

Best Friends

My Notes

My Notes

Best Friends

...but I think I Love Christmas Most of All...

My Notes

My Notes

My Notes

My Notes

Best Friends

...but I think I Love Christmas Most of All...

My Notes

Best Friends

My Notes

Best Friends

...but I think I Love Christmas Most of All...

My Notes

Best Friends

My Notes

Best Friends

My Notes

My Notes

My Notes

Best Friends

...but I think
I Love Christmas
Most of All...

My Notes

My Notes

Best Friends

My Notes

Best Friends

...but I think
I Love Christmas
Most of All...

My Notes

Best Friends

My Notes

Best Friends

My Notes

My Notes

My Notes

Best Friends

...but I think I Love Christmas Most of All...

My Notes
Best Friends

My Notes

My Notes

Best Friends

...but I think
I Love Christmas
Most of All...

My Notes

My Notes

Best Friends

...but I think
I Love Christmas
Most of All...

My Notes

Best Friends

My Notes

...but I think I Love Christmas Most of All...

My Notes

Best Friends

My Notes
Best Friends

...but I think
I Love Christmas
Most of All...

My Notes

My Notes

Best Friends

My Notes

Best Friends

...but I think I Love Christmas Most of All...

My Notes

Best Friends

My Notes

Best Friends

...but I think I Love Christmas Most of All...

www.ingramcontent.com/pod-product-compliance
Lightning Source LLC
LaVergne TN
LVHW012115070526
838202LV00056B/5739